Fellosophie
FÜR ELTERN

von euren Fropeltern aus Neustrelitz

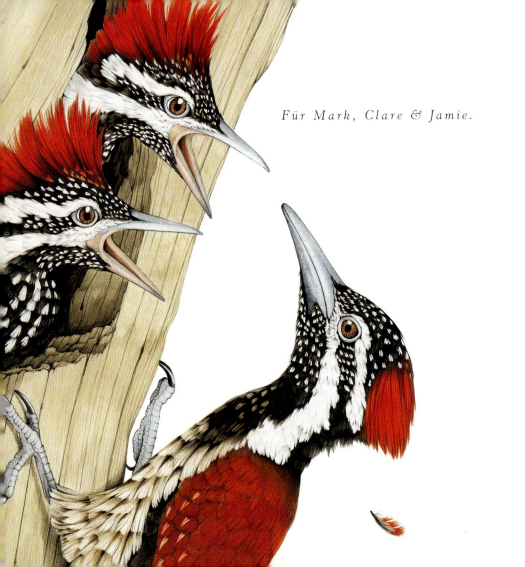

Für Mark, Clare & Jamie.

Jane Seabrook

TIERISCH GUTE ALLTAGSTIPPS

Aus dem Englischen von Claus-Peter Lieckfeld

KNESEBECK

Jeder sollte Kinder haben.

Nur keine Ausflüchte!

Wer sagt:

»Ich schlafe wie ein Baby«,

hatte noch keins.

Die pränatale Phase:

Als dein Leben noch dir gehörte.

Sobald du selbst

Kinder hast,

vergibst du deinen Eltern

alles.

Warum sagen alle,

　　　ich hätte ein Kind?

Das Kind hat mich.

Ein Baby im Haus

ist die Reinform der…

Minderheitsregierung.

Wer Wehen zum zweiten

Mal auf sich nimmt, muss mit

Amnesie

gesegnet sein.

Mutterglück:

Eines der letzten Abenteuer –

vielleicht das vorletzte.

*Kinder wollen an die Hand
genommen werden.*

*Also kau nicht an den Nägeln,
wenn sie zuschauen!*

»Just say no!« – *Wer immer diesen Spruch aufgebracht hat, hatte keine Kinder.*

Warum

hört man nicht einfach

auf mein

Kommando?

...weil

ich deine Mutter bin,

BASTA!

Erst nein sagen,

dann verhandeln.

Wenn du was zu erledigen hast,

mach es entweder selbst,

bezahl jemanden dafür, dass er es tut,

oder

verbiete *es deinen Kindern.*

Sei süß!

Und sie schaffen es nicht,

sauer auf dich zu sein.

»Au!«

Das erste Wort, das Kinder mit älteren Geschwistern sagen können.

Die goldenen »meins«-Regeln für Kinder

1. Was ich mag, ist meins.

2. Was ich dir wegnehmen kann, ist meins.

3. Wenn ich es schon mal hatte, ist es meins.

4. Wenn es schon mal meins war, kriegst du es nie.

5. Wenn es wie meins aussieht, ist es meins.

6. Wenn es deins ist und ich es dir klaue ... klare Sache, oder?

7. Wenn ich finde, dass es meins ist, ist es meins.

8. Wenn es kaputt ist, ist es deins.

Prompte Bedienung

ist okay, Mutter,

nur etwas flotter bitte!

Woran erkennt man erfahrene Eltern?

Sie zählen die Smarties auf den Tortenstücken, damit es gerecht zugeht.

Sie nehmen eine Auszeit auf dem Klo.

Sie versuchen, ihren Partygästen das Steak vorzuschneiden.

Wenn

Eltern

die

Aufmerksamkeit

ihrer

Kinder

wollen ...

müssen

sie

nur

dasitzen

und

entspannt

dreinschauen.

Wenn dir deine Kinder zuhören sollen,

flüstere mit jemand anderem.

Deine Kinder werden erwachsen,

        wenn sie nicht mehr fragen,

wo sie herkommen …

... und nicht mehr sagen,

wo sie hingehen.

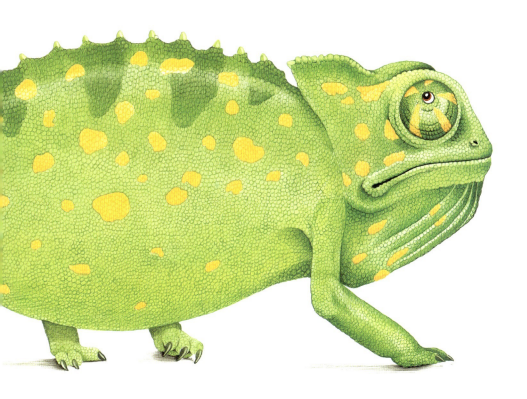

Ein aufgeweckter Teenager ist die Ausnahme von der Regel.

Morgens gilt immer die Regel!

Gibt es etwas Schöneres

für Eltern als den Anblick der eigenen Kinder

mit ihren nervigen Teenagern?

Jung bist du nur einmal.

Mehr wäre auch gesellschaftlich

nicht tragbar.

Kinder sind der Segen

deiner alten Tage.

Und sie sorgen auch dafür,

dass er vorzeitig erteilt wird.

Egal

wie alt

eine

Mutter

ist,

sie gibt die Hoffnung nie auf,

dass sich was tut

bei ihren Midlife-Crisis-Kids.

Gar nicht so leicht,

große Kinder aus dem Nest

zu bekommen.

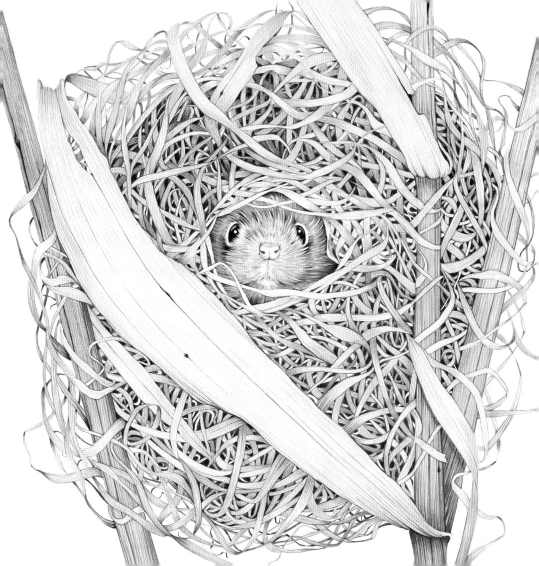

Geld ist nur Mittel zum Zweck.

… zum Beispiel,

wenn man seine Kinder

häufiger sehen will.

Selig

sind die Eltern,

die keine Dankbarkeit

erwarten,

denn sie werden nie

enttäuscht werden.

Ich hatte mal 'nen Haufen Theorien

zur Kindererziehung.

Nun habe ich 'nen

Haufen Kinder

und keine Theorie.

Nachbemerkung

Ganz gleich, wie viele Erziehungsratgeber wir lesen, nichts kann uns wirklich auf die Herausforderungen und Freuden der Elternschaft vorbereiten. In dem Augenblick, da wir Eltern werden, ändert sich unser Leben für immer. Wir finden uns plötzlich in einer Brandung nicht gekannter Gefühle und schwimmen in einem wahren Ozean an Ausgaben!

Dennoch ist es kein Zufall, dass gerade der härteste Job auch derjenige ist, der uns am meisten zurückgibt. Meine Kinder haben mich mindestens so viel gelehrt wie ich sie. Und nun, da sie im Teenager-Alter sind, habe ich die steilste Lernkurve von allen.

Ich habe mehrere Favoriten in diesem Buch, aber ein Zitat lässt mich immer wieder schmunzeln: »Selig sind die Eltern, die keine Dankbarkeit erwarten, denn sie werden nie enttäuscht werden.«

Kinder vergessen manchmal einfach, Danke zu sagen, aber wenn sie schließlich am Ende unserer Erziehungsbemühungen zu guten und verantwortungsvollen Erwachsenen geworden sind, ist dies Dank genug. Ich hoffe, dass dieses Buch Sie etwas aufheitern kann, insbesondere an jenen Tagen, an denen der Erziehungsalltag wenig Anlass dazu gibt.

Herzlich

Jane.

www.furrylogicbooks.com

Danksagung

Ich danke Mark Seabrook-Davison, Diana Robinson und Debby Heard ganz herzlich für ihre Unterstützung und Ermunterung. Ein besonderer Dank gebührt Mark Seabrook-Davison, der mir bei der Auswahl der Zitate und Bilder sehr geholfen hat. Er war wie immer ein verlässlicher Lackmustest für die Entscheidung, was unbedingt in das Buch gehört und was besser draußen bleibt. Es war Burton Silver, der mich zur Veröffentlichung meiner *Fellosophie*-Bücher animierte und mir die richtige

Richtung wies – dafür möchte ich ihm hier nochmals danken! Ich danke ferner all jenen, die ihr Fachwissen in dieses Buch eingebracht haben, namentlich: Troy Caltaux und Alex Trimbach von Image Centre; Debby Heard Photography; den Druckern Ricky Cheng und Herrn Cheung von Phoenix Offset; und ganz besonders Joy Willis. Ein großes Dankeschön geht an John Cooney vom *Grapevine Magazine* in Auckland, Neuseeland, für die vielen Zitate, die er wieder beigesteuert hat.

Bibliografische Information Der Deutschen Bibliothek
Die Deutsche Bibliothek verzeichnet diese Publikation in der Deutschen Nationalbibliografie;
detaillierte bibliografische Daten sind im Internet über http://dnb.ddb.de abrufbar.

Titel der Originalausgabe: *Furry Logic, Parenthood*
Erschienen 2004 bei Hodder Moa Beckett, 4 Whetu Place, Mairangi Bay, Auckland, Neuseeland
Copyright © 2004 by Seabrook Publishing Ltd.

Deutsche Erstausgabe
Copyright © 2005 von dem Knesebeck GmbH & Co. Verlags KG, München
Ein Unternehmen der La Martinière Groupe

Satz: satz & repro Grieb, München
Druck: Phoenix Asia Pacific
Printed in China

ISBN 3-89660-272-1

Alle Rechte vorbehalten

www.knesebeck-verlag.de